Qui est vraiment votre chat ?

Qui est vraiment votre chat ?

Les tests
qui révèlent
sa personnalité !

Alison Davies
Illustrations Alissa Levy

ulmer

Sommaire

Introduction

La psyché féline est complexe. Beau, énigmatique, toqué et tendre, le chat est l'animal clair-obscur par excellence. Créatures étranges tout de fourrure vêtues, nos matous nous mènent joyeusement par le bout du nez, et jouent le jeu tant que nous faisons leurs quatre volontés. Pourtant, alors que vous pensez avoir cerné votre minet, il fait soudainement volte-face, vous laissant perplexe. Rien d'étonnant si l'on songe que le chat domestique est soupçonné d'avoir infiltré le monde des humains aux alentours de 4400 av. J.C.

On sait que les Égyptiens prenaient les chats pour des dieux, et les traitaient comme tels ; un piédestal duquel nos félins n'ont jamais daigné descendre. Il peut être difficile pour nous autres, humbles mortels, de décrypter nos minets. Ce livre vous permettra de lever le voile sur le véritable caractère de votre chat. En observant son comportement dans différents contextes, vous aurez un aperçu de son type de personnalité, ce qui vous permettra de resserrer encore un peu plus vos liens.

Le décryptage de votre chat est un travail de longue haleine. Vous ne parviendrez probablement jamais à décoder totalement son comportement, mais prendrez plaisir à essayer. Les différentes races ont leurs propres traits de caractère, ce qui nous donne une certaine longueur d'avance (pp. 122-125). Mais ne vous laissez pas berner. Les généralités ne sont pas de mises dans le monde des félins !

Même s'il est possible de classer les chats dans les catégories définies ici, celles-ci ne sont pas immuables. Les chats passent souvent d'une catégorie à l'autre, en fonction des circonstances. Un minet habituellement sage peut se muer en furie au moment de recevoir son vermifuge, et un chat sûr de lui peut perdre toute prestance au premier bruit d'aspirateur.

Comment utiliser ce livre?

Chacun des 9 chapitres du livre se présente sous la forme d'un test composé de 9 questions, et est axé sur une dimension particulière de la vie des chats. Choisissez les réponses qui correspondent le mieux au vôtre, additionnez les lettres et découvrez lequel des 4 profils lui correspond.

Ce guide vous aidera à comprendre votre chat et ses traits de personnalité uniques, mais, au bout du compte, personne ne le connaît mieux que vous. Souvenez-vous que, quel que soit son type de personnalité, votre chat est parfait comme il est!

Les 5 traits de personnalité félins

On pense qu'il existe chez le chat 5 grands traits de personnalité, dénommés «Feline Five» (voir ci-contre) sur le modèle des 5 traits de personnalité humains («Big Five» ou modèle OCEAN). Chaque test fera ressortir 1, 2 ou 3 traits parmi les 5, qui sont ceux qui caractérisent le mieux votre chat dans une dimension particulière de sa vie. Additionnez-les au fur et à mesure, et notez le score à la page 118 pour établir les traits de caractère dominants de votre compagnon.

Les « Feline Five »

1

NÉVROSISME

Se rapporte aux problèmes d'anxiété et à la crainte, et signe une personnalité timide.

2

EXTRAVERSION

Évoque un esprit actif et ouvert, et indique un caractère curieux, inventif et enjoué.

3

DOMINANCE

Caractérise un minet agressif, à la personnalité affirmée.

4

IMPULSIVITÉ

Typique d'un chat aventurier, téméraire, qui ne tient pas en place.

5

AGRÉABILITÉ

Se rapporte à un chat prompt à manifester son affection, à la personnalité douce et amicale.

Chat chapeaute

À quel point votre chat a-t-il confiance en lui ?

Les chats sont des créatures solitaires, mais ils peuvent tout à fait vivre ensemble, qu'ils partagent leur foyer avec d'autres congénères ou qu'ils côtoient simplement les félins du voisinage. Certains s'épanouissent pleinement en communauté, quand d'autres, plus réservés, préfèrent être le seul et unique félin du foyer, et régner en maître sur leur territoire. Les lions établissent une hiérarchie au sein de leur clan, et bien que nos merveilleux matous domestiques ne soient pas aussi sociables ou organisés, ils n'en appliquent pas moins une forme de hiérarchie de dominance lorsqu'il s'agit de décerner le titre de chat alpha.

Les autres chats ne sont pas les seuls à devoir rester sur leurs gardes. En tant qu'humains, nous sommes également visés par ce comportement de dominance, et pouvons nous retrouver contraints de nous soumettre à la volonté d'un matou arrogant. Vous pensiez être le patron ou la patronne ? N'en soyez pas si sûr(e). Lorsqu'il s'agit de faire une démonstration de pouvoir, votre chat est susceptible d'user de toute la ruse dont il est capable pour parvenir à ses fins. Avant d'avoir eu le temps de vous en rendre compte, vous aurez été mené(e) par le bout du nez jusqu'au réfrigérateur, et en serez quitte pour un bol de saumon frais.

Q1. Selon vous, comment votre chat vous considère-t-il ?

A Comme son père ou sa mère.

B Comme un serviteur ou une servante prêt(e) à satisfaire ses moindres caprices.

C Comme un(e) misérable humain(e).

D Comme son ami(e) pour la vie.

Q2. Les chats sont réputés pour l'inconstance de leurs inclinations. Votre chat est-il du genre à répandre l'amour autour de lui, ou est-il le félin d'un seul maître ?

A Vous pouvez affirmer sans l'ombre d'un doute que vous êtes le centre de son univers.

B Sa déférence va invariablement à la personne qu'il a besoin de manipuler.

C Cet être versatile change de sentiments à votre égard aussi vite que vous changez sa litière.

D Il se montre amical avec la plupart des gens, mais vous restez son ou sa préféré(e).

Q3. Que vous viviez avec un ou plusieurs chats, votre matou croise forcément d'autres félins. Comment réagit-il ?

A Il les évite.

B Il évalue la situation et garde prudemment ses distances.

C Il crache et se montre menaçant la plupart du temps.

D Il s'approche pour renifler le nouveau venu, avant d'émettre un petit «roucoulement» amical.

Q4. Comment votre chat affirme-t-il son autorité auprès de vous ?

A Il est trop gentil pour ça.

B Par un coup de patte léger mais persuasif.

C Il gronde et prend un air renfrogné.

D Vous êtes toujours sur la même longueur d'onde, alors il n'a jamais besoin d'en arriver là.

Q5. Vous convoitez tous deux la meilleure place sur le canapé. Votre chat…

A La partage avec vous.

B Vous fait une démonstration d'affection avant de s'installer à vos côtés.

C Vous saute dessus, colle son derrière sous votre nez et vous oblige à changer de place.

D Pourquoi dormir sur le canapé alors qu'il peut squatter vos genoux ?

Q6. Votre chat veut sortir, mais vous avez besoin de le garder à l'intérieur. Comment ce conflit se résout-il ?

A Il admet la défaite et trouve un endroit pour somnoler.

B Il vous accable de prévenances, passant et repassant entre vos jambes jusqu'à ce que vous le libériez.

C Il miaule plaintivement jusqu'à ce que vous cédiez.

D Il s'en accommode parfaitement, tant que vous le divertissez avec son jeu préféré.

Q7. Comment votre chat affirme-t-il son autorité face à quelqu'un qu'il ne connaît pas ?

A Il est timide, à peine l'inconnu a-t-il passé la porte que Minet a déjà décampé.

B Il fait mine d'être gentil pendant une minute, et sort les griffes la seconde d'après.

C Il est prompt à donner de la voix, et dissuade l'inconnu(e) de s'approcher par un crachement/grondement sonore.

D Il préfère rester en retrait et l'observer de loin.

Q8. Partageur ou pas ? En matière d'alimentation, votre chat est-il un accumulateur compulsif, ou fait-il preuve de générosité envers ses congénères, extérieurs ou non au foyer ?

A Il ne voit pas d'inconvénient à partager sa pitance une fois qu'il a prélevé la part qui lui revient.

B L'altier félin ne se nourrit que des meilleurs aliments servis en hauteur dans un bol rutilant qu'il est le seul à utiliser.

C Ce n'est pas pour rien que le mot « repas » se termine par « pas ». Le matou ne partage pas. Point final.

D Indépendant et débrouillard, ce n'est pas un sujet qui le préoccupe.

Q9. Votre matou affamé dédaigne sa nourriture habituelle. Que fait-il ensuite ?

A Il tord le nez une minute, puis finit par céder à la faim qui le tenaille.

B Il fait des allers-retours entre le réfrigérateur et vos jambes jusqu'à ce que vous lui proposiez une autre option.

C Il miaule plaintivement devant tout ce que vous lui présentez, jusqu'à obtenir satisfaction.

D Il miaule poliment jusqu'à ce que vous lui offriez autre chose.

Résultats

Le Bébé

NÉVROTIQUE ET AGRÉABLE

Cet amour sur pattes a beau être grand et fort, c'est un vrai bébé dans sa tête. Chaton dans l'âme, il se tourne vers vous en toutes circonstances. Très vraisemblablement de nature anxieuse, vous êtes son premier refuge lorsqu'il se sent nerveux, c'est-à-dire la plupart du temps. Affectueux et tendre, il adore ces moments de tête-à-tête où vous êtes tout à lui. Il s'agit très certainement d'un chat d'intérieur, mais s'il lui arrive de sortir, il est peu probable qu'il s'éloigne beaucoup de vous. Vous êtes son phare dans la nuit. Alors que la plupart des félins se montrent extrêmement indépendants, il a manifestement loupé un épisode. Heureusement pour lui, cette situation vous convient parfaitement. Vous êtes ravi(e) de le materner et de lui apporter l'attention dont il a besoin.

Majorité de

B

Le Parrain

EXTRAVERTI ET IMPULSIF

Leste, insaisissable et félinement intelligent, ce minet se montre encore plus rusé que le plus furtif des renards. Il reste sous le radar. Tel un voleur dans la nuit, il dérobe votre cœur et votre portefeuille, et cela ne vous pose aucun problème. Passé maître dans l'art de la manipulation, il sait que la douceur est un atout majeur dans la course à la souveraineté. L'affection est une monnaie d'échange, et il en tire le maximum. Malgré tout, il vous adore, surtout lorsque vous vous pliez à ses désirs. Rien de plus facile que de tirer les ficelles de son humain(e), mais on ne peut pas en dire autant de ses congénères. Il évite le conflit parce qu'il déteste être sous pression, à moins que le jeu n'en vaille vraiment la chandelle. Il préfère attendre son heure, évaluer et planifier la domination du monde bien calé sur vos genoux. Imprévisible et parfois spontané, vous ne pouvez pas vous reposer sur vos lauriers avec le Parrain, mais, avouons-le, c'est l'une des raisons pour lesquelles vous avez un faible pour ce minet.

Majorité de

C

L'être suprême

EXTRAVERTI ET DOMINANT

Ce félin tapageur n'a aucune difficulté à s'exprimer. Vous avez intérêt à être sur la même longueur d'onde que lui. Il manifeste tout autant son affection que son mécontentement. Les humains sont un mal nécessaire. Ce n'est pas qu'il les déteste vraiment (il vous tolère à petites doses), simplement, rien n'est à la hauteur de sa féline magnificence. Comment pourrait-il en être autrement? Maître Chat est un être supérieur, depuis la pointe de ses moustaches à son luxueux manteau de fourrure qui sème des poils dans toute la maison. Pourtant, il n'a pas peur de mettre les pattes dans le cambouis, surtout si un chat errant s'immisce sur son territoire. Votre petit tigre n'est pas du genre à aimer les contacts rapprochés. Son espace vital est sacré, et les félins des alentours feraient bien de prendre au sérieux son regard noir, qui a valeur d'avertissement. Lorsqu'il sort, il part comme une fusée. Il est agressif, certes, mais pas avec son humain(e). Il aime dominer, mais si vous gardez à l'esprit que c'est lui le patron, vous n'avez rien à craindre!

Majorité de

D

Le Meilleur pote

EXTRAVERTI ET AGRÉABLE

Ce minet est ami avec tout le monde, et le moindre de ses miaulements vous fait fondre. Il vient toujours se présenter, et adore se faire de nouveaux copains. Facile à vivre, il n'est absolument pas exigeant. Autonome, au caractère agréable, il en faut beaucoup pour l'énerver. Les conflits de pouvoir ne sont pas sa tasse de lait. À la fin de la journée, des genoux confortables l'emplissent de joie, et s'ils appartiennent à son ou sa meilleur(e) ami(e), il est le plus heureux des chats. Rien ne lui fait plus plaisir que passer du temps avec vous. Qu'il s'agisse de feuilleter des magazines ou de farfouiller dans des sacs, c'est un minet actif qui aime partager vos activités. Il fait partie de la bande, mais ne veut pas être au sommet de la hiérarchie. L'ascension sociale lui semble aussi vaine que grimper aux arbres. Le vrai bonheur pour lui, c'est une relation d'égal à égal, deux comparses partant ensemble à la conquête du monde!

Chat roule

Quelles sont les habitudes de votre chat?

Les chats, comme les humains, n'abordent pas tous le quotidien de la même façon. Certains sont en quête d'aventure, quand d'autres préfèrent s'engager sur des chemins plus tranquilles. Généralement adeptes de la routine, la plupart des chats apprécient tout ce qui leur est familier, qu'il s'agisse d'un endroit sûr où se réfugier, ou d'un moment spécifique pour manger ou faire sa toilette; mais comme toujours, la vie est imprévisible.

La façon dont votre chat réagit aux difficultés et perturbations du quotidien vous donne une idée de ses besoins les plus profonds. Comme vous êtes son maître ou sa maîtresse, vous connaissez l'humeur générale et l'état d'esprit de votre compagnon, et en percevez les moindres variations. Ses changements subtils de personnalité révèlent ses forces et ses faiblesses. Pour vous rapprocher de lui, songez aux activités que vous pratiquez ensemble au quotidien, et à la façon dont vous pouvez embellir sa journée. Pliez-vous à ses changements d'humeur, et soumettez-vous à son rythme. Même si vous n'aimez pas trop les surprises, vous pourriez vous apercevoir que vous appréciez secrètement la spontanéité de votre minet!

Q1. Pour aller au travail ou au supermarché, nous quittons tous notre domicile à un moment ou à un autre. Pour nos chats, cela peut être le paradis, ou l'enfer. Comment le vôtre réagit-il ?

A Il feint le désintérêt, et continue à se manucurer les griffes.

B Il attend que vous soyez sur le pas de la porte pour vous envelopper d'un nuage de poils.

C Il va et vient entre vos jambes pour vous faire trébucher. S'il vous estropie, vous n'aurez plus qu'à rester et jouer.

D Il s'assoit près de la porte et s'apitoie sur son sort jusqu'à votre retour.

Q2. Entre les amis qui passent à l'improviste et les réunions familiales, le domicile peut être un endroit un peu trop fréquenté pour un chat ordinaire. Comment le vôtre réagit-il à ces intrusions dans son espace ?

A Il profite de l'occasion pour parader et faire profiter les nouveaux venus de son exquise beauté.

B Chaque visiteur est une nouvelle paire de genoux confortable qui n'attend plus que lui.

C Tant qu'ils apportent des jouets garnis d'herbe à chat, les intrus sont les bienvenus !

D Des biscuits au fromage éparpillés autour des importuns sont le seul moyen de l'amener à faire ami-ami avec eux.

Q3. Votre chat passe la plus grande partie de sa journée...

A À prendre soin de son apparence en se toilettant frénétiquement. Aucun poil ne doit dépasser!

B Dans les bras de Morphée. Sieste, détente, somnolence, repos sont au rendez-vous.

C À jouer, courir, chasser, renifler… Il profite à fond de chaque moment.

D À manger. Quand l'appétit va, tout va!

Q4. Quel qualificatif convient le mieux pour décrire votre chat au quotidien?

A Indifférent.

B Décontracté.

C Curieux.

D Affectueux.

Q5. Le jour redouté par tous les chats est arrivé: le bilan de santé annuel chez le vétérinaire. Comment réagit-il?

A Il est dédaigneux. Comment osez-vous perturber sa routine beauté quotidienne?

B Il est serein. Le trajet est une excuse parfaite pour piquer un petit somme et passer du temps en votre compagnie.

C Il faut déjà que vous réussissiez à l'attraper…

D Il se tapit dans un coin avec un air effrayé.

Q6. C'est l'heure du comprimé. Quel type de patient est votre chat ?

A Un patient grognon, être forcé d'avaler un comprimé ne le fait pas paraître sous un jour flatteur.

B Il vous laisse lui administrer le comprimé sans faire d'histoires.

C Il a déjà décampé ! Il sait que quelque chose se trame, et il n'a aucune envie de savoir quoi.

D La pilule passe mieux lorsqu'elle est cachée dans un morceau de fromage !

Q7. Où votre chat se réfugie-t-il quand la situation se complique ?

A Sur un gros coussin moelleux au sommet d'une armoire, installé là spécialement pour lui.

B Bien au chaud, lové dans un coin du canapé.

C Sur le rebord de la fenêtre, caché derrière le rideau, pour pouvoir s'éclipser rapidement.

D Au sommet du réfrigérateur, hors de portée, et à proximité de la principale source de nourriture.

Q8. Quel est votre moment préféré de la journée en compagnie de votre minet ?

A N'importe quel moment, tant qu'il daigne vous lâcher une miette d'affection.

B Le soir, lorsque vous vous détendez tous les deux sur le canapé.

C Les moments de jeu ont votre préférence, et vous permettent de passer un moment privilégié à deux.

D Lorsque vous rentrez à la maison, et qu'il se précipite pour vous accueillir dans un tourbillon de poils.

Q9. Quelle relation votre chat a-t-il à la nourriture ?

A Il tort le nez devant toute proposition indigne de lui.

B Il fait confiance à son instinct. S'il est d'humeur joyeuse, tout lui va, mais s'il n'est pas en forme, il a l'appétit dans les coussinets.

C Pour ce félin, la nourriture est un carburant qui alimente son feu intérieur.

D La nourriture c'est la vie, c'est aussi simple que ça !

Résultats

Majorité de

A

Le Bel indifférent

NÉVROTIQUE ET EXTRAVERTI

Ce chat se caractérise par son attitude distante, regardant ses sous-fifres avec condescendance. Bien qu'il ne soit pas excessivement dominant, son pouvoir réside dans son «désintérêt». Vous n'avez d'autre choix que vous soumettre à sa volonté. Il tient à sa routine quotidienne, mais n'imaginez pas qu'il est prisonnier de ses habitudes. S'il a envie de changement, il vous le fera comprendre clairement.

Bien qu'il ne soit pas ouvertement extraverti, il est intelligent et sait se maîtriser. Il aime prendre les devants et veut renvoyer l'image la plus parfaite possible. Des séances de toilettage régulières, pendant lesquelles vous êtes entièrement à son service, sont essentielles. Bien qu'il se distingue des autres chats (et des humains), au fond il n'est que douceur et adore secrètement qu'on lui accorde de l'attention. Traitez-le comme un prince, il vous le rendra au centuple.

Majorité de

B

La Force tranquille

EXTRAVERTI ET AGRÉABLE

Ce matou est un maître zen, bien dans sa peau, décontracté et plein d'assurance. Il ne ressent pas le besoin de dominer. Minet est calme et affectueux, se fait facilement des amis et connaît probablement tous les voisins, car il dispose de plusieurs points de chute pour ses siestes. Son tempérament égal en fait un compagnon idéal pour les séances de câlins, et il n'apprécie rien tant que se pelotonner contre vous, en témoignent ses ronrons sonores ! De bonne composition avec les autres animaux, toutes espèces confondues, il n'est pas difficile ; son grand cœur le rend tolérant vis-à-vis de tout et de tout le monde. Mais cela fait aussi de lui une cible facile en cas d'échauffourée. Il verra toujours le meilleur côté de ses ennemis félins, et évitera la plupart du temps la confrontation. C'est un sentimental, pas un guerrier.

Majorité de

C

Le Roublard

EXTRAVERTI ET IMPULSIF

Vif, agile, rapide et coriace, ce félin est un hyperactif. Rien ne le fait plus vibrer que la liberté, et son esprit curieux a besoin d'être constamment occupé. Il lui faut de l'action. Extraverti dans l'âme, il est courageux, audacieux et prêt à tout ou presque – du moment que l'initiative vient de lui. Ses passe-temps favoris consistent notamment à s'assurer que vous pratiquez suffisamment d'activité physique en dispersant des objets dans toute la maison, et à jouer avec vos pieds. Éternel chaton, sa nature espiègle donne lieu à de nombreuses photos, vidéos et anecdotes. L'ennui n'est plus qu'un lointain souvenir avec ce trublion, et vous pouvez également dire adieu à votre canapé – il adore faire ses griffes, renifler, lacérer, se défouler… Pour gagner son cœur, vous devez l'occuper. Faites appel à son esprit joueur, et vous aurez un ami pour la vie.

Majorité de

D

Le Timide

NÉVROTIQUE ET AGRÉABLE

Doux, timide, souvent effacé, ce chat donne l'impression d'être un solitaire, mais il adore passer du temps avec vous. Avec son caractère anxieux, il peut souvent se sentir intimidé par les autres (chats et humains). Mais on peut le faire changer d'avis avec de la patience et quelques friandises. Son estomac est au centre de ses préoccupations, et pour gagner sa confiance, la nourriture et les mots doux sont redoutablement efficaces. Ce minet est très attaché à la routine, et le moindre changement peut le pousser dans ses retranchements. Mais une fois qu'il a surmonté sa nervosité, tout va bien, du moment que vous l'accompagnez à chaque étape du parcours. Jamais agressif ni exigeant, cet introverti a besoin d'être rassuré avec câlins et moments tranquilles avec vous.

Chat cogite

Comment l'esprit de votre chat fonctionne-t-il?

Dans le folklore, les félins sont empreints de mysticisme. Qu'ils soient les acolytes des sorcières (voire les sorcières elles-mêmes sous une forme animale) ou des farfadets dont les yeux sont un portail ouvrant sur le royaume des fées, *les chats sont magiques.* De la pointe de leur queue à l'extrémité de leurs moustaches, ils dégagent une aura surnaturelle.

Ils possèdent également de nombreux talents. Doués d'une grande dextérité, dotés de membres agiles, ils sont capables de garder l'équilibre dans les situations les plus précaires. Ajoutez à cela un esprit vif, et vous obtenez l'équivalent d'un super-héros du monde animal. À l'instar des humains, les chats n'ont pas tous les mêmes qualités. Si le vôtre n'est pas un génie, il est peut-être doué de l'intelligence de la rue. Ou alors, c'est une véritable tête pensante. Quels que soient les dons de votre minou, sa capacité à vous mener par le bout du nez est une preuve suffisante de son talent!

Q1. À l'instar des chiens, les chats sont capables de suivre des instructions s'ils y sont vraiment disposés. Comment votre chat réagit-il lorsque vous lui demandez quelque chose ?

A Il vous regarde l'air de dire « Parle à ma patte ».

B Rien de tel qu'une friandise pour le motiver.

C Il commence à répondre à votre sollicitation, avant de se laisser distraire par un papillon qui passe par là.

D Il s'étire, bâille, puis fait semblant de dormir.

Q2. Vous êtes parti(e) en laissant accidentellement votre chat enfermé dans la chambre à coucher. Que fait-il ?

A Il fait ses besoins sur votre lit, juste pour vous rappeler de ne JAMAIS recommencer.

B En usant de son poids et d'une once de dextérité, il parvient à actionner la poignée et à ouvrir la porte.

C Il s'échappe par une fenêtre entrebâillée.

D Il se faufile sous la couette et attend votre retour.

Q3. Où votre chat fait-il ses besoins ?

A Dans le jardin du voisin bien sûr !

B Dans son bac à litière, et toujours très proprement.

C Dehors, suivant l'ordre naturel des choses.

D Le plus souvent dans son bac à litière, mais il lui arrive de laisser des petits cadeaux dans la maison.

Q4. Vous venez de déménager. Combien de temps faut-il à votre chat pour se sentir à l'aise et en confiance dans sa nouvelle maison ?

A Il réquisitionne immédiatement un endroit et vous fait comprendre que c'est «son» refuge.

B Il explore chaque pièce, en vérifiant tous les coins et les toiles d'araignée à la recherche d'intrus.

C Il trouve ses marques dès le premier jour et s'installe sans problème.

D Il se cache pendant au moins une semaine, et se montre uniquement pour manger.

Q5. La télévision est allumée et vous regardez votre documentaire animalier préféré. Comment votre chat réagit-il ?

A Il préfère se pelotonner sur vos genoux que s'intéresser à ce qui se passe à l'écran.

B Il dresse les oreilles au son du gazouillis des oiseaux et ne quitte pas l'écran des yeux.

C Il essaie d'attraper les oiseaux, bondit, donne des coups de patte et attaque l'écran.

D Il préfère la sécurité de son coussin à l'appel pressant de la nature.

Q6. Le temps est ensoleillé, mais vous savez qu'un orage se prépare. Comment votre chat réagit-il ?

A Il refuse de quitter le canapé, malgré le soleil radieux.

B Il est agité et tourne en rond en jetant des coups d'œil par la fenêtre.

C Il n'en a cure, c'est un chat d'extérieur.

D Il rentre en courant à la première goutte de pluie pour vous tenir compagnie.

Q7. Lorsque vous rentrez des courses, votre chat est...

A Blotti à son endroit préféré.

B À la fenêtre en train de vous attendre.

C Parti en vadrouille.

D Caché dans son refuge.

Q8. Nous savons que les chats ont un sixième sens, mais quel est le super pouvoir du vôtre ?

A C'est un vrai mentaliste, il est capable de lire vos pensées et de deviner ce dont vous avez besoin.

B Ses talents de détective à la Sherlock Holmes.

C Son don pour l'évasion à la Houdini.

D Sa capacité à devenir invisible, surtout quand vous avez du monde à la maison.

Q9. Lorsque vous appelez votre chat par son nom, il...

A Vient s'il en a envie, mais s'il est occupé ailleurs, vous n'avez d'autre choix que d'attendre.

B Répond par un miaulement sonore pour vous faire savoir qu'il vous a entendu(e).

C Disparaît sans laisser de traces.

D Est déjà à vos pieds, à attendre sa récompense.

Résultats

Majorité de

A

Le Profiteur

EXTRAVERTI, DOMINANT ET IMPULSIF

Voici le plus machiavélique des minous. Ce chat rusé paraît inoffensif, mais il sait exactement ce qu'il fait. Il cerne la situation, tout en feignant l'indifférence. Son caractère dominant est contrebalancé par son ouverture d'esprit et une pointe de spontanéité, ce qui le rend très réactif et capable de tirer parti de la moindre nouveauté. Alors que d'autres sortent des sentiers battus ou font chauffer leurs neurones pour résoudre les problèmes, lui va plus loin et se demande quels avantages tirer de chaque situation. Lorsque plusieurs options s'offrent à lui, il opte pour celle qui sert le mieux ses intérêts. Le Profiteur est heureux tant qu'il obtient ce qu'il veut !

Le Génie

EXTRAVERTI, IMPULSIF ET AGRÉABLE

Il passe ses journées à tester la loi universelle de la gravitation de Newton, tout en se demandant comment appliquer la théorie de la relativité à la chasse aux oiseaux. Son esprit actif le pousse à être toujours en mouvement, à la recherche de nouvelles expériences. Il aime faire plaisir aux gens ; il n'y a pour lui rien de plus beau que voir son humain(e) sourire, mais s'il est facile à dresser, il ne fera pas toujours vos quatre volontés. Ce curieux a besoin d'être stimulé, et s'il ne l'est pas à la maison, il ira voir ailleurs. Son territoire est probablement étendu, car il adore explorer. Aimant profondément la vie, le plaisir et votre personne, il vous divertira avec ses pitreries.

Majorité de

C

Le Pragmatique

EXTRAVERTI, DOMINANT ET AGRÉABLE

Le Pragmatique est doté d'un mécanisme de fuite intégré. Difficile à cerner, il se lasse rapidement, et est plus attiré par les balades que par la chaleur de votre giron. Il aime les câlins, mais à ses conditions. Le grand air est vital pour lui, et il déteste les contraintes. Son QI ne crève peut-être pas le plafond, mais il est malin et capable de se débrouiller seul. Ses compétences sont plus pratiques que philosophiques, et sa façon de se déplacer et de naviguer en terrain inconnu est révélatrice d'une grande confiance en soi. Si vous recherchez un compagnon pas trop exigeant, ce matou sans faux-semblants est fait pour vous. Son approche directe de la vie est désarmante, et c'est un plaisir de le côtoyer (lorsque vous parvenez à le trouver).

Majorité de

D

Le Tendre

NÉVROTIQUE ET AGRÉABLE

La bête peut sembler peureuse (il est vrai qu'elle est nerveuse et bondit pour un oui ou pour un non) mais elle est aussi très sensible. Si ce félin ne possède pas l'intelligence de la rue, sa capacité à lire en vous compense largement. Lorsque vous êtes malade ou déprimé, il est le premier à vos côtés. Son amour ne connaît aucune limite et il vous couvrira d'affection, de poils et de moult ronronnements au moment où vous en aurez le plus besoin. Son anxiété est profondément ancrée, mais avec votre aide, il apprendra à accorder sa confiance. Timide mais tactile, il est heureux de son sort. Il n'a pas besoin d'action ou d'aventure ; ce casanier trouve du réconfort dans les visages et les sons familiers, et apprend à son rythme parfaitement régulier.

Chat parade

Quelle est la routine beauté de votre chat?

Avec autant de races plus belles les unes que les autres, difficile de ne pas toutes les aimer. Les chats le savent, et en profitent. Certains misent tout sur leur charme, alors que d'autres préfèrent rester dans leur coin et être admirés de loin.

Mais ce n'est pas qu'une question de vanité. Les chats ont besoin d'un certain niveau d'entretien pour rester au sommet de leur forme, tant physiquement que mentalement. Le toilettage stimule la circulation sanguine, élimine les nœuds, et permet aux humains et aux chats de tisser des liens. Si les minous minaudeurs adorent que l'on prenne soin d'eux, d'autres préfèrent laisser Mère Nature s'en charger. Les félins soucieux de leur apparence ont des goûts de luxe, et s'épanouissent littéralement lorsqu'on leur accorde beaucoup d'attention, pendant que les plus introvertis restent sous le radar, et sous couverture.

La beauté est subjective, mais l'allure de votre chat en dit long sur son assurance et sa façon d'interagir avec les autres, et son rapport à la toilette est très révélateur de sa personnalité.

Q1. Comment votre chat décrirait-il sa routine beauté quotidienne?

A Inexistante. Qui se soucie de son apparence alors qu'il y a tant d'aventures à vivre?

B Aucun poil ne dépasse, darrrrling.

C Je fais confiance à la nature, je suis beau comme je suis.

D Il y a des hauts et des bas, entre la vie sauvage et la haute couture féline, mon cœur balance.

Q2. C'est Noël, vous avez mis le paquet sur les décorations scintillantes et votre chat n'échappe pas à la règle. Que pense-t-il de ces parures?

A Les boules et les guirlandes – ce n'est pas fait pour décorer, mais pour jouer!

B Des paillettes qui scintillent et un shampoing délicatement parfumé… Que demander de plus?

C S'il voulait être un arbre de Noël, il se serait laissé pousser des branches.

D Oui au ruban de fête, non au bonnet de père Noël ridicule.

Q3. Il est temps de préparer Minet pour une séance photo. Quelle est son attitude au moment de prendre la pose ?

A Catatonique.

B Charismatique.

C Totalement je-m'en-foutiste.

D Curieuse.

Q4. Votre chat et vous êtes en mode câlin. Que vous évoque son odeur ?

A La terre humide et les poubelles.

B Une eau de Cologne de bonne facture.

C La maison.

D Votre gourmandise préférée.

Q5. Quand Minet est dans de bonnes dispositions, comment aime-t-il être caressé ?

A Il vous le fait savoir en mettant en avant la partie du corps concernée.

B Il reste passif, du moment qu'il a droit à un massage complet.

C Une caresse rapide sur la tête suffit à son bonheur.

D Les gratouilles sont à l'honneur, sous le menton et le long du ventre, Minet adore se tortiller !

Q6. Votre famille et vos amis sont là. Votre chat voit cela comme une occasion parfaite pour...

A Chasser les oiseaux dans le jardin.

B Étaler sa magnificence et grossir son cercle d'admirateurs.

C Faire tout ce dont il a envie pendant que vous avez le dos tourné.

D Se faire remarquer en dérobant quelques morceaux à grignoter, et en squattant les genoux.

Q7. Votre chat se sustente-t-il avec classe, ou se comporte-t-il en vrai cochon à l'heure du repas ?

A Il plonge systématiquement la tête entière dans la gamelle, le museau, les moustaches... tout.

B Chaque bouchée est mastiquée et savourée avec style.

C Comme il préfère manger à même le sol, il disperse le contenu de sa gamelle dans toute la maison.

D Il n'aime pas se presser, et utilise parfois sa patte pour récupérer les morceaux difficiles à atteindre.

Q8. Si votre chat avait un hashtag, quel serait-il ?

A #Chat'itude

B #FatalFélin

C #ChatCâlin

D #ChatBotté

Q9. Selon vous, quel est le style de collier préféré de votre chat ?

A Tout simple, sans fioritures, chichis, ni clochettes !

B Une parure rose très classe, avec une touche de strass.

C Il ne porte pas de collier, et il en est fier !

D Il kiffe un collier clouté.

Résultats

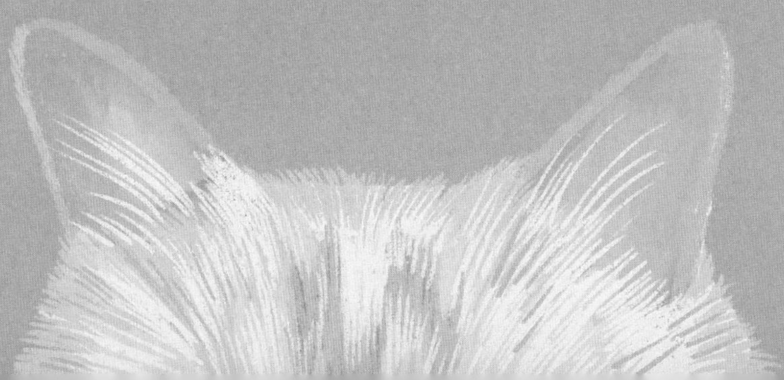

Majorité de

A

Le Boss

DOMINANT ET AGRÉABLE

Un chat est un chat, un point c'est tout. Ce minet n'a pas besoin de faire semblant d'être autre chose que ce qu'il est. Il s'en moque. Lorsqu'il y a un oiseau à chasser et de l'herbe à mâchouiller, il n'y a pas de temps à perdre à se pomponner. Ce matou épris de liberté assume pleinement sa nature féline. Il sait qu'il n'y a pas de chat plus authentique que lui. Chasseur hors pair, il met à profit tous ses sens et compétences pour donner le meilleur de lui-même. Du fait de son naturel confiant, il s'est probablement taillé une réputation dans tout le voisinage. Faisant sentir sa présence de toutes les manières possibles, il attirera votre attention avec la malice qui le caractérise. Il aime qu'on s'occupe de lui, mais à ses conditions uniquement. C'est un leader, pas un suiveur, et il sera heureux de rester à vos côtés (tant que vous suivez ses directives).

Majorité de

B

La Fashionista

EXTRAVERTI ET DOMINANT

Cette beauté a tout pour plaire. Véritable influenceuse féline, elle n'hésite pas à s'aventurer là où les autres chats n'oseraient pas poser le bout d'une patte. Elle ferait n'importe quoi pour grossir son cercle d'admirateurs ! Excentrique et originale, la bête est extravertie, et c'est une incorrigible séductrice. Si elle peut paraître inconstante sur le plan affectif, tout ce qui compte pour elle, c'est de se sentir aimée. Plus on lui accorde d'attention, plus elle est heureuse, alors soyez prêt(e) à la partager avec toutes les personnes qui pénètrent dans votre intimité. Vous devez lui être entièrement dévoué(e). Si vous êtes prêt(e) à lui consacrer du temps et des efforts, à la dorloter avec passion et à la toiletter avec ardeur, elle vous récompensera en prenant sa plus belle pose de star.

Majorité de

C

La Beauté naturelle

EXTRAVERTI ET AGRÉABLE

Le charme de ce minet réside dans sa capacité à être lui-même. Il n'a aucun effort à faire, il est beau naturellement. Bien en chair, c'est une véritable machine à câlins. Comme il est facile à vivre, il a beaucoup d'admirateurs, mais le secret de son succès est simple : il se contente de ce qu'il a. Extraverti et affectueux, il noue facilement des amitiés, mais il n'est pas du genre à se laisser balader (et encore moins en laisse dans un parc). Ridiculisez-le, et les ronrons se transformeront en grondements. Traitez-le avec respect, et vous apprivoiserez le tigre qui sommeille en lui. Il aime avoir les coudées franches et son propre territoire, mais c'est un casanier dans l'âme – votre refuge est son refuge.

Majorité de

D

L'Icône

DOMINANT ET IMPULSIF

Rencontrez le vrai Chat Botté… de cuissardes bien entendu ! C'est la Monroe des matous, une véritable minette ; coquette, branchée et toujours prête à mettre le feu. Elle fait rimer félin avec souverain. Elle est spontanée, impulsive et ne se trouve quasiment jamais là où vous l'attendez. Elle serait bien capable de mordre la main qui la nourrit, mais l'instant d'après, tout est oublié. Si l'énervez trop, vous en paierez le prix. Mieux vaut la laisser agir à sa guise. C'est ce qu'elle fait de mieux. Si vous cherchez un chat avec du caractère, cette beauté en a à revendre. Elle divertira vos amis, vous séduira par ses manières affectueuses et se pelotonnera sur votre plus belle écharpe en mousseline de soie, juste parce qu'elle s'octroie le droit de le faire. Elle est totalement évanescente, mais c'est ce qui la rend si inoubliable.

Chat
pionce

Quelles sont les habitudes de sommeil de votre chat?

Il n'y a rien de plus apaisant que la vue d'un chat endormi : si mignon, calme et zen… Nos chats sont passés maîtres dans l'art de la sieste. Ils connaissent l'importance d'un petit somme, et savent qu'il faut laisser au corps et à l'esprit le temps de se ressourcer ; une leçon que nous devrions également retenir. On peut avoir l'impression qu'ils dorment tout le temps, mais comme chez les humains, leur temps de sommeil est variable, et s'échelonne entre 12 et 16 h par jour. Pourtant, le sommeil occupe une grande place dans leur vie, il est donc essentiel qu'ils dorment correctement.

Un lieu inapproprié pour la sieste peut rendre hargneux le plus enjoué des minets, et une fois qu'il est confortablement installé, il a tout même besoin d'espace pour se contorsionner. Comme les humains, les chats entrent dans un état de sommeil paradoxal. Cela veut dire qu'ils rêvent aussi, mais à quoi ? Les habitudes de votre chat au moment de glisser dans les bras de Morphée sont révélatrices de ce qui compte pour lui, et de l'importance qu'il attache à la maîtrise de soi. Tous les chats savent que la clé de leur bien-être réside dans un repos réparateur.

Q1. Il peut être compliqué de partager un lit ou un canapé avec votre compagnon, surtout s'il s'agit de son endroit préféré pour faire la sieste. Où votre chat préfère-t-il piquer un petit somme ?

A Là où vous vous trouvez ; dans le lit, à votre place, ou blotti tout contre vous, difficile de dire ce qu'il préfère !

B Là où il se trouve : dans le tiroir à chaussettes, le porte-revues, le lavabo… Adepte des espaces étroits et confinés, il les squatte souvent et les remplit en entier.

C Là où il n'a rien à faire : chez le voisin, trois rues plus loin avec les chats du quartier.

D Dans son igloo molletonné, brodé à son nom : pourquoi irait-il dormir ailleurs ?

Q2. Certains chats sont des champions de la routine, quand d'autres partent en vrille dès qu'une habitude semble s'installer. Comment votre chat se comporte-t-il à l'heure du coucher ?

A Premier couché, premier levé pour rallier les troupes à l'heure du petit-déjeuner (c'est-à-dire vous !)

B Rien de tel qu'un petit jeu de cache-cache avant de se retirer pour la nuit.

C L'heure du coucher ? C'est quoi ?

D C'est extinction des feux à l'heure pile, pas une minute de plus ou de moins, et au moindre écart, la diva se déchaîne !

Q3. Comme les humains, les chats font des rêves et parfois des cauchemars. À quoi rêve votre chat quand il glisse dans les bras de Morphée ?

A Qui parle de dor– Zzzzzzz…

B Une boîte en carton, deux boîtes en carton, trois boîtes en carton…

C Oubliez la chasse au dragon, rien ne vaut la chasse au papillon !

D Un délicat carpaccio de saumon sur un lit de crevettes charnues et juteuses…

Q4. La position que nous adoptons pour dormir en dit long sur notre état d'esprit. Lorsque votre chat se repose, il aime...

A S'allonger sur le dos, les pattes écartées, la langue dehors… Que du bonheur !

B Se contorsionner et remplir le moindre creux.

C Se reposer là où il se trouve, un œil ouvert, prêt à l'action.

D Se mettre en boule, la queue parfaitement enroulée autour du corps. Rien ne dépasse.

Q5. Qui est le compagnon de sieste de votre minet ?

A Vous bien sûr !

B Son jouet ou sa peluche préféré(e).

C Le soleil.

D Il préfère dormir seul.

Q6. Somnambules ou ronfleurs, nous sommes très actifs pendant notre sommeil, et nos chats aussi ! Que fait votre chat de particulièrement remarquable quand il dort ?

A Il ronfle.

B Il gigote.

C Il garde les yeux ouverts.

D Il prend la pose.

Q7. La plupart des matous ont l'air paisible quand ils dorment. Si le vôtre pouvait parler, quels conseils vous donnerait-il en matière de sommeil ?

A Ne pense à rien, contente-toi de dormir.

B Bouge-toi davantage, et fais plus souvent la sieste.

C Qui a besoin de dormir ?

D Peu importe comment tu dors, assure-toi simplement que ce soit dans des draps en coton égyptien !

Q8. Quand votre chat dort à vos côtés ou sur vos genoux, vous...

A Avez sommeil.

B Êtes heureux(se).

C Vous méfiez.

D Vous sentez privilégié(e).

Q9. Quel type d'activité de bien-être votre chat pratiquerait-il pour se détendre ?

A Il passerait maître dans l'art de la méditation et de la respiration.

B La pleine conscience l'aiderait à se connecter à son environnement et à vivre le moment présent.

C Le yoga chaud conviendrait parfaitement à cet hyperactif.

D Un massage lui permettrait de se sentir au sommet de sa forme, tant mentalement que physiquement.

Résultats

Majorité de

A

5

Le Pépère

AGRÉABLE

Le chaos a beau régner autour de lui, le Pépère transpire la zénitude. Cela ne veut pas dire qu'il ne s'énerve jamais, mais quand cela arrive, c'est généralement son estomac qui parle. La faim est la seule chose qui le stimule. Une fois rassasié, il se calme et est fin prêt à s'adonner à son passe-temps favori : la sieste. Pour être honnête, ce chat a tendance à se prendre pour un humain. S'il n'en tenait qu'à lui, votre lit lui serait réservé. Après tout, vous faites un oreiller tout à fait convenable la plupart du temps. Il est hors de question que ce minet fasse de l'exercice, si ce n'est un peu de yoga félin, le mouvement qu'il maîtrise le mieux étant l'enchaînement «rouler, s'étirer, bâiller», qu'il pratique avant de dormir.

Majorité de

B

Le Caméléon

EXTRAVERTI

Ce minou difficile à cerner est insaisissable. Sa force réside dans sa souplesse ! Quel que soit l'espace à sa disposition, il trouvera un moyen de le remplir, aussi aisément que sa propre peau. Sa confiance en lui est inébranlable, et s'il a un objectif en tête, il parvient généralement à ses fins. Mais n'allez pas croire qu'il soit entêté. Sa nature curieuse le pousse à explorer le moindre recoin, depuis l'intérieur de vos bottes de pluie jusqu'au réfrigérateur. Le monde est comme une boîte de sardines géante : visqueux, odorant et alléchant ! Cela dit, il aime aussi avoir de la compagnie. Rien ne lui ferait plus plaisir que vous entraîner dans une aventure : dans le jardin ou derrière les placards de la cuisine, il trouvera toujours un moyen de partager un bon moment. Et si vous êtes à court de jeux, il n'y a vraiment rien de plus tentant qu'une boîte en carton.

Majorité de

C

4

Le Casse-cou

IMPULSIF

Qui n'a pas un faible pour les mauvais garçons (ou les mauvaises filles) ? Ce super matou sait qu'un soupçon de sauvagerie le mènera loin. Cela ne veut pas dire qu'il est méchant jusqu'au bout des griffes, loin de là. Il aime juste faire valoir son droit de faire la fiesta. Toute la nuit s'il le peut ! «Travailler dur et profiter à fond», telle est sa devise. Il est toujours en quête de plaisir, d'embrouilles et de tout ce qui peut lui permettre de sortir des sentiers battus. Bien qu'il ne soit pas casanier, il aime avoir un refuge sûr, un camp de base où il peut rentrer se reposer, s'il a lézardé toute la journée. Le matou sait où se trouve son intérêt, mais il tient aussi à sa liberté. N'essayez pas de le retenir et de le brider, mais respectez son côté vagabond et estimez-vous heureux(se) d'être la personne chez laquelle il rentre !

Le Frimeur

DOMINANT

Tout est une question d'apparence chez ce chat. Hors de question de se négliger. Il exige le meilleur, parce qu'il est tout simplement le meilleur. Un poil qui dépasse ou un collier miteux, très peu pour lui, mais il n'est pas pour autant un m'as-tu-vu. C'est la qualité qui compte. De la nourriture premier prix? Non ! Cette parfaite incarnation de la félinité aime le haut de gamme, ce qui transparaît dans sa façon de dormir, son choix de matelas, et ses moues. D'ailleurs, vous savez immédiatement qu'il n'est pas entièrement satisfait au regard de déception qu'il vous lance. Le Frimeur se croit au-dessus de tout le monde, alors si quelqu'un (chat ou humain) empiète sur son «temps personnel», il est expédié sans ménagement, d'un coup de patte.

Chat s'amuse

Quels jeux votre chat apprécie-t-il ?

S'il est vrai que les chats sont passés maîtres dans l'art de la sieste, ils aiment aussi jouer. Le jeu fait partie intégrante de leur développement. Il les aide à aiguiser leurs instincts primaires et à améliorer leurs compétences de chasseurs. Les batifolages frivoles stimulent également le corps et l'esprit, et aident votre compagnon à se maintenir au sommet de sa forme. Lorsque votre chat vieillit, il a besoin d'une dose régulière de divertissement et de jeu. C'est un exercice essentiel, qui favorise la mobilité et renforce les os, mais aussi les liens qui vous unissent. C'est également un bon moyen de lutter contre le stress !

Si certains chats sont plus enthousiastes que d'autres, la motivation dont fait preuve le vôtre révèle un autre aspect de sa personnalité. Fait-il partie de ceux qui mettent l'ambiance, ou est-il plutôt du genre à faire tapisserie ? Est-il un génie créatif, ou le tyran de la cour de récré ? Vous constaterez peut-être que votre chat appartient à plusieurs catégories, en fonction de son humeur, de la situation, et d'un certain nombre d'autres facteurs. Même si votre minet n'est pas très folichon, ne renoncez pas. Le jeu peut transformer un minou timide en véritable tigre ; tout ce qu'il faut, ce sont les bons jouets, les bons jeux, et un petit peu de patience.

Q1. Vous êtes en pleine discussion avec des amis, et Minet a envie de s'incruster. Comment s'y prend-il ?

A Il évalue la situation en reniflant timidement la main de chaque invité.

B Il crache et montre les dents pour faire savoir que c'est lui le patron.

C Il donne des petits coups de tête à chaque humain(e) jusqu'à ce qu'il ou elle se décide à jouer avec lui.

D Il traverse la pièce d'un pas nonchalant pour montrer qu'il réprouve cette intrusion.

Q2. Quel jeu votre chat aime-t-il partager avec vous ?

A Il aime rôder dans la pièce et examiner chaque recoin à la recherche d'éventuels intrus.

B Il attaque votre main. Il commence par des petits coups gentillets, vous donnant un faux sentiment de sécurité, avant de se lancer dans une attaque en règle, toutes dents et griffes dehors.

C Il aime que vous lui gratouilliez le ventre. Un vrai bonheur pour vous comme pour lui !

D Ce jeu où vous tentez de le convaincre de jouer, et où il part nonchalamment dans la direction opposée au bout de quelques secondes.

Q3. Votre chat aime-t-il jouer avec ses congénères, ou préfère-t-il se distraire dans son coin ?

A Il préfère faire cavalier seul.

B Il joue avec les autres tant qu'il en a envie, mais il peut sortir les griffes à tout moment !

C Pour renifler des derrières ou se lancer dans un combat de catch acharné, il est toujours partant.

D Cet être supérieur préfère se tenir à une distance respectable de toute cette folie.

Q4. Vous avez planté de l'herbe à chat dans votre jardin pour lui faire plaisir. Quelle est sa réaction ?

A Il l'observe de manière suspicieuse avant d'aller la renifler.

B Il se jette dedans à pleine balle.

C Il se roule dans les plants jusqu'à être recouvert de feuilles.

D Son regard va et vient entre les plants et vous, l'air de dire : « Et donc ? »

Q5. Pour votre chat, une boule de papier alu est...

A Un objet venu d'une autre planète.

B Un missile à poursuivre.

C Une étoile filante devant laquelle s'émerveiller.

D Une boule de papier aluminium.

Q6. Une mouche profite de votre salon vierge de toute toile d'araignée. Votre chat y voit une bonne occasion de...

A Courir de manière désordonnée dans son sillage.

B Faire un massacre.

C La taquiner en jouant à «chat».

D Vous regarder courir partout, alors que vous essayez de la faire sortir par la fenêtre.

Q7. On trouve des jouets de toutes les formes et de toutes les tailles. Quel est son favori?

A Une souris en laine mâchouillée et malodorante qu'il traîne depuis des années.

B Une pantoufle réduite en lambeaux.

C Des sacs en plastique aux balles de golf, tout est matière à s'amuser!

D Un coussin moelleux garni d'herbe à chat.

Q8. Votre colis est arrivé, vous laissant un carton vide sur les bras. Heureusement, votre chat est là pour...

A Grimper à l'intérieur et le protéger contre les voleurs.

B L'utiliser comme griffoir et le réduire en pièces.

C Jouer un à petit jeu impromptu, «je rentre, je sors».

D Le retourner et le transformer en bunker.

Q9. Vous avez acheté un nouveau jouet: une souris en feutre suspendue au bout d'un long bâton. Comment votre chat réagit-il?

A «Imposteur! Ôte ça de ma vue!»

B Il s'entraîne à la chasse.

C Youhou! C'est le paradis du jeu!

D «Quoi, c'est une blague? Tu veux vraiment que je joue avec ce truc?»

Résultats

Majorité de

A

L'Espion

NÉVROTIQUE ET AGRÉABLE

Il n'admettra jamais son côté parano, mais ce minet a tendance à s'imaginer toujours le pire. De nature prudente, il opte pour l'approche «coupable jusqu'à preuve du contraire» lorsqu'il est confronté à l'inconnu. Il se méfie de tout : des jouets, des meubles, des autres félins, mais cela ne veut pas dire qu'il ne finira pas par s'y faire. Il a besoin de temps pour prendre ses marques, et cela passe par un sérieux travail d'inspection et de reconnaissance. Ce super matou est un vrai 007 ; la surveillance est sa priorité absolue. Une fois la situation évaluée dans les moindres détails, et à force de temps et d'encouragements, il devient plus tolérant. Ce n'est peut-être pas le chat le plus gai qui soit, mais le chaton qui sommeille en lui se réveille dès qu'il est sûr de ne courir aucun danger. Il aime par-dessus tout les jeux interactifs, en tête à tête avec vous. Récompensez sa confiance avec des câlins, et son côté comique fait surface.

Majorité de

B

L’Assassin

DOMINANT ET IMPULSIF

Qu’il s’agisse d’arracher des doigts, des orteils, des plumes ou des poils, l’Assassin ne fait pas la fine bouche, du moment qu’il y a une récompense au bout. Agressif lorsqu’il est acculé, il ne faut pas grand-chose pour le stimuler et il adore le frisson de la chasse. Il joue avec énergie, frénésie et fougue, et renforce ses compétences de chasseur. Ne soyez pas surpris(e) de trouver des traces de ses méfaits. Il utilise les insectes à moitié dévorés pour s’exercer, jusqu’à ce qu’il jette son dévolu sur une proie un peu plus difficile. Cela ne veut pas dire qu’il n’a pas de point faible, mais il ne se laisse jamais déstabiliser ! Lorsque vous jouez avec lui, misez sur la sobriété. Évitez les caresses excessives ou les mouvements trop rapides, pour ne pas trop l’énerver. Traitez-le avec respect, et il vous aimera avec férocité.

Majorité de

C

Le Franc-tireur

EXTRAVERTI ET AGRÉABLE

Ce félin flaire la moindre occasion de s'amuser et sème la joie partout où il passe ! Mais il aime aussi apprendre. Il est essentiel de maintenir sa curiosité en éveil, car il n'y a rien de plus plaisant à observer que ce minet lorsqu'il est captivé. Ingénieux et autonome, il adore se faire de nouveaux copains. Il reconnaît ses amis pour la vie, humains ou félins, en un instant. Mais s'il s'est finalement trompé, cela ne l'empêchera pas de dormir. Heureusement, le Franc-tireur se laisse facilement distraire. Donnez-lui de l'espace pour courir et vagabonder, et observez-le. Il retrouvera toujours le chemin de la maison, car c'est là qu'il s'amuse le plus. Besoin de vous remonter le moral ? Lancez-lui une pelote de ficelle et regardez-le s'élancer à sa poursuite !

Le Critique

DOMINANT ET AGRÉABLE

Si d'aucuns peuvent croire que ce chat fait preuve de condescendance, il est en réalité perspicace. Il sait parfaitement ce qu'il aime, ce qu'il pense et ce qu'il veut, et vous le fait comprendre avec fermeté et délicatesse. Un léger coup de patte sur la main pour dire « non », ou un derrière dans la face sont pour lui un moyen de signifier son désaccord avec grâce. Il laisse transparaître ses sentiments sans trop d'efforts. Cela ne veut pas dire qu'il n'est pas en quête de volupté, mais il préfère les plaisirs un peu plus tranquilles. Les coussins et les jouets garnis d'herbe à chat sont idéaux pour cet adorable animal. Leur douce suavité l'enchante, et lui permettent de se détendre avec classe pendant que d'autres se livrent à des jeux de vilains. Pourquoi faire des efforts quand il suffit d'attendre que les distractions viennent à soi ?

Chat fait son show

Quelles excentricités font de votre chat un être si unique ?

Les chats ont de l'allure. Leur démarche chaloupée et assurée imprime tout leur corps, de l'extrémité de leurs oreilles pointues aux battements gracieux de leur queue touffue. Le moindre de leurs actes est effectué à dessein ; même lorsqu'ils dorment, ils ont l'air de ne toucher à rien. Pour être dans le coup, il faut tout miser sur l'excentricité. Qui a envie d'être normal de toute façon ? Un félin malin sait qu'un soupçon de perversité donne de l'ascendant. Les propriétaires de chats du monde entier peuvent en témoigner, ces animaux laissent leur empreinte de nombreuses manières. Certes, vos bras et vos jambes n'échapperont pas à quelques coups de griffes, mais la marque qu'ils laissent dans votre cœur est plus profonde encore.

Les singularités de votre chat lui confèrent un statut de chef-d'œuvre sur pattes. Ce questionnaire porte sur ce qui le fait sortir du lot. Chaque chat est unique, et le moindre détail qui le distingue des autres enrichit sa personnalité. Ses actes les plus insignifiants révèlent comment il fonctionne vraiment.

Q1. Votre chat a envie de jouer. Comment vous le fait-il savoir ?

A Il vous met dans l'ambiance en sautant sur vos genoux, en passant et en repassant entre vos jambes, et en vous encerclant.

B Il va chercher sa souris en peluche préférée et la dépose devant vous.

C Il s'étale à vos pieds dans toute sa splendeur, l'air de dire : « Je suis prêt, divertis-moi ».

D Il fait le fou pendant 10 minutes, en poursuivant sa propre queue et en jouant à « attrape-moi si tu peux » avec un assaillant invisible.

Q2. C'est le réveillon du Nouvel An et les voisins organisent un feu d'artifice. Comment votre chat réagit-il ?

A Il colle son museau contre la vitre pour profiter du spectacle.

B Il n'est pas impressionné pour un sou, mais se poste de l'autre côté du rideau pour monter la garde.

C Il va se cacher le plus loin possible de ce tohu-bohu.

D Il vient s'asseoir près de vous. Tant que vous êtes dans les parages, il se sent en sécurité.

Q3. Comment votre chat s'y prend-il pour vous faire rire aux éclats ?

A Il dort dans le lavabo.

B Il tente en vain d'escalader les rideaux/les stores.

C Il s'assoit à table comme un humain.

D Il discute avec vous.

Q4. Vous avez cuisiné votre plat préféré, des spaghettis à la bolognaise, mais il s'avère que c'est également le mets de prédilection de votre chat… Que se passe-t-il ensuite ?

A Vous vous partagez un spaghetti, chacun à une extrémité, comme dans *La Belle et le Clochard*.

B Il s'assoit près de votre assiette et fixe intensément votre bouche jusqu'à ce que vous cédiez.

C Il hume d'abord le plat, et s'il est à son goût, il miaule bruyamment pour être servi.

D Il vole quelques spaghettis pendant que vous avez le dos tourné, et s'en va les déguster un peu plus loin.

Q5. Quel est l'ingrédient le plus étrange que votre chat ait ingéré dans sa quête de la satiété ?

A Du poulet au curry. Beaucoup de poulet au curry.

B Une libellule, la tête la première.

C Des pointes d'asperge.

D Une croûte de pain déposée là pour les oiseaux.

Q6. Qu'est-ce qui effraie particulièrement votre chat?

A Les concombres.

B Vous lorsque vous chantez.

C L'aspirateur.

D Le tonnerre et les éclairs.

Q7. Quel travail humain confieriez-vous à votre chat?

A Inspecteur de colis: il adore les examiner pour vérifier qu'ils ne renferment pas d'objets inconnus.

B Agent de sécurité: il est responsable des patrouilles félines et surveille le voisinage.

C Goûteur: il adore renifler et goûter vos aliments pour vérifier leur qualité.

D Client mystère: il vous rapporte toujours des cadeaux bizarres.

Q8. Vous prenez votre chat dans vos bras. Quelle est sa réaction?

A Il pose ses pattes sur vos épaules et frotte allègrement son nez humide contre votre tête.

B Il lèche vigoureusement votre visage jusqu'à ce que vous le reposiez au sol.

C Il vous laisse lui faire un câlin rapide avant de se débattre pour échapper à votre étreinte.

D Il adopte la position la plus confortable possible et glisse sa tête sous votre menton.

Q9. Vous avez allumé votre ordinateur portable pour travailler. Que fait votre chat ?

A Il donne des coups de pattes sur vos doigts pendant que vous tapez. C'est son nouveau jeu préféré !

B Il s'assoit patiemment à vos côtés, en attendant que vous lui prêtiez attention.

C Il se couche sur votre clavier, et refuse d'en bouger.

D Il bavarde avec vous pendant que vous travaillez.

Résultats

Majorité de

A

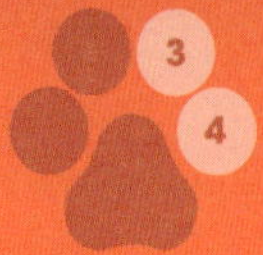

Le Cinglé

DOMINANT ET IMPULSIF

Ce chat loufoque affronte le quotidien à sa manière, unique et excentrique. Tout est possible avec ce félin, alors attendez-vous à l'inattendu… Il change d'humeur et de goût plus vite qu'il ne change de marque de croquettes – ce qui arrive souvent, mais ses pitreries valent bien ce petit effort supplémentaire. Vous voulez lui faire plaisir ? Modifiez légèrement votre intérieur en déplaçant quelques objets. Donnez-lui quelque chose de nouveau à explorer, et il trouvera mille et une façons de se divertir. Une chaussure n'est pas qu'une simple chaussure, mais un réceptacle complexe qu'il met à profit pour cultiver l'art de s'introduire dans les endroits les plus saugrenus, et améliorer sa souplesse et sa force de volonté !

Majorité de

B

Le Shérif

EXTRAVERTI ET AGRÉABLE

Ce matou fort et agile sait ouvrir l'œil et le bon. Son regard signifie «Je te défie», et il le réserve plus particulièrement aux chats sauvages qui outrepassent les limites. Si vous avez besoin de lui, il est à vos côtés en un clin d'œil. Sa présence est apaisante, car même s'il a tout d'un chat ordinaire, il est plus chien que chat: loyal, affectueux et plein d'assurance.
Ses petites manies découlent de son besoin de protéger les siens, c'est-à-dire vous et votre famille. Toujours prêt à accourir quand vous l'appelez, ce chat-chien n'est jamais très loin. Même quand il n'est pas dans votre champ de vision, il garde un œil sur vous, et un autre sur son territoire. Il convient de privilégier les jeux qui font appel à sa dextérité. Il aime courir, courir, courir, et faire une démonstration de ses talents en vous montrant que le sapin de Noël est parfait pour pratiquer le saut à la perche.

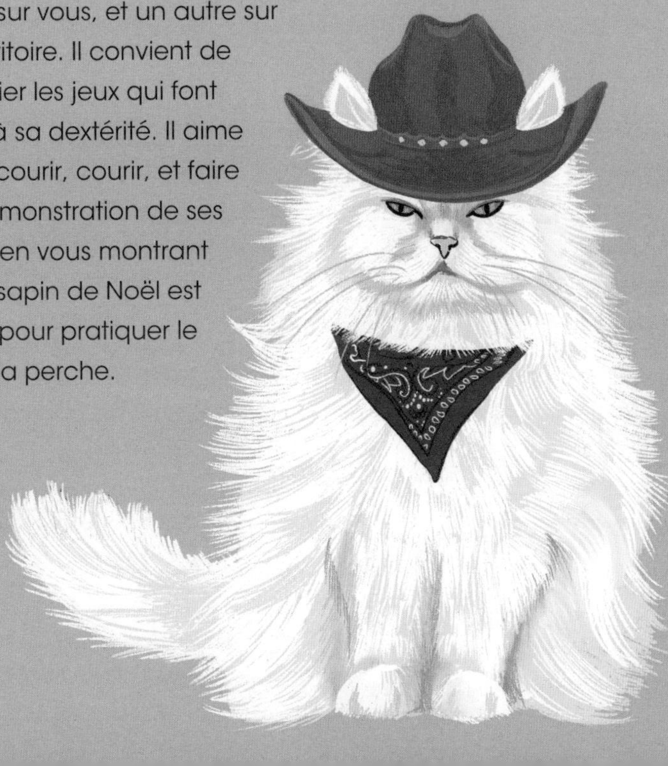

Le Connaisseur

NÉVROTIQUE ET DOMINANT

La démarche élégante de ce chat a quelque chose de classieux. Sa façon de se déplacer attire tous les regards et fait sourire. Une diva ? Peut-être, mais ce qui l'intéresse surtout, c'est la qualité en toutes choses. Il ne veut que le meilleur. Il arbore en permanence une expression qui semble vouloir dire « ça ne m'amuse pas », ce qui a le don de vous amuser encore plus. Plus il se montrera distant, plus vous aurez envie de le cajoler, et il se laissera faire parce qu'au fond, il sait que le secret pour obtenir tout ce qu'il désire, c'est de vous rendre heureux(se). Le Connaisseur se prend au sérieux et fait tout avec finesse. Même s'il n'a pas l'intention de vous amuser, son caractère sans gêne vous fera rire. Laissez ce matou savourer son heure de gloire, et il éclairera votre chemin.

Majorité de

D

Le Comédien

EXTRAVERTI ET IMPULSIF

Ce chat a un 6e sens : l'humour. C'est comme s'il comprenait la moindre nuance de votre voix. Bavard, ce minet sociable est leste et agile. Bonne chance pour l'attraper s'il chipe un hamburger sur le barbecue ou prend la fuite à la vue de la caisse de transport. Il est capable de s'introduire tel un ninja dans la maison d'à côté pour s'offrir un deuxième petit-déjeuner, ou de faire des claquettes dans un pot de peinture ouvert ; une chose est sûre, il mijote toujours quelque chose. Ce comédien de stand-up est un spécialiste de l'improvisation, et chaque moment passé avec lui est mémorable. Si vous cherchez à vous amuser, vous avez frappé à la bonne porte. Quand ce chat est dans les parages, tout est bon à prendre, y compris vos orteils ou la télécommande. Avec lui, tout est prétexte à rire, et si cela vous fait rire aussi, c'est du bonus !

Chat bavasse

Comment votre chat communique-t-il ?

Tenter d'interpréter le langage du chat revient à évoluer sur un mystérieux terrain miné, ce qui n'est guère surprenant lorsque l'on sait qu'un chat moyen utilise une bonne centaine de vocalisations. Et encore, nous n'avons pas encore parlé de leur langage corporel tout à fait déroutant. Mais qu'est-ce que les chats peuvent bien essayer de nous dire, et qu'est-ce que cela révèle de leur personnalité ?

À l'exemple des humains, certains chats sont introvertis, quand d'autres aiment se mettre en avant. Vous pouvez penser que votre chat est indifférent, mais ne vous y trompez pas. Des études ont montré que les chats comprennent bien plus de choses que nous ne le pensons, et s'ils font peut-être la sourde oreille lorsque vous les appelez à l'heure du goûter, ils reconnaissent leur nom et ont parfaitement conscience qu'on les appelle. Ils sont les seuls à décider s'ils répondent ou non !

Q1. Pour attirer votre attention au moment du grignotage de 11h, votre chat va...

A Sortir les griffes et se défouler sur la surface la plus proche, que ce soit un canapé, un mur ou un tapis persan.

B Tenter de vous attendrir en poussant un petit miaulement aigu et en frottant sa tête contre votre jambe.

C S'asseoir près du frigo et miauler comme une âme en peine.

D Vous adresser une série de miaulements et de vagissements plus ou moins aigus pour vous faire prendre conscience de l'urgence de la situation.

Q2. C'est peut-être votre bureau, mais le chat était là en premier et il n'est pas prêt à partager. Comment vous le fait-il savoir ?

A Il vous remet en place par un grondement suivi d'un léger crachement.

B Le pouvoir du ronron vous plonge instantanément dans un état de sidération.

C Un derrière poilu posté devant votre visage fait toujours son petit effet.

D Il vous regarde d'un air dubitatif, puis vous assène un coup de patte ferme avec une expression pleine d'aplomb.

Q3. Votre chat vous prouve qu'il vous aime...

A Par une séance de gratouilles sur le ventre, bien sûr ! Suivie d'une attaque en règle de la main.

B En collant son nez humide contre votre bras/votre jambe, pour un câlin mouillé.

C En soulageant vos tensions par une séance de pétrissage. Un massage félin, ça vous tente ?

D En vous enveloppant de son odeur et d'une épaisse couche de poils, au cas où vous auriez froid.

Q4. Vous savez que votre chat est malade quand...

A Il s'isole discrètement.

B Il ne mange pas et n'a pas envie de jouer.

C Il se montre plus affectueux que d'habitude et veut rester près de vous.

D Il tente d'attirer votre attention par de faibles miaulements.

Q5. Quand votre chat est vraiment déchaîné, il...

A Invoque le tigre qui sommeille en lui et grrrrooonnnde.

B Il pousse un hurlement aigu et s'enfuit vers la cachette la plus proche.

C Il vous fixe avec un regard sévère qui signifie « Comment oses-tu ! ».

D Il redresse brutalement la queue et s'en va l'air vexé.

Q6. Quand vous parlez à votre chat, il...

A Vous regarde comme si vous aviez perdu la tête.

B Vous répond en gazouillant ; il ne comprend peut-être pas ce que vous lui dites, mais il est avec vous par la pensée.

C Cligne des yeux, bâille et fait mine de dormir.

D A une conversation à part entière, faite de gazouillis, de petits cris et de grondements, en laissant un blanc pour que vous puissiez répondre.

Q7. Quelle expression votre chat préfère-t-il arborer pour dissimuler sa culpabilité ?

A Un air offensif. Toujours.

B Une tête mignonne à faire fondre.

C L'air de quelqu'un qui n'est pas amusé.

D Il semble dire : « Écoute-moi bien, je ne le dirai pas deux fois ».

Q8. Vous savez quand votre chat a eu ce qu'il voulait, parce qu'il...

A Vous laisse le caresser furtivement.

B Ronronne de façon sonore.

C Vous donne plusieurs petits coups de tête.

D Miaule de plaisir et se frotte contre vos jambes.

Q9. La première rencontre entre deux chats peut virer au pugilat ou rester tout à fait cordiale. Comment votre chat salue-t-il un congénère ?

A En ébouriffant sa queue et en crachant d'un air menaçant.

B Il s'approche en le flairant gentiment.

C Il l'autorisera peut-être à marcher dans son ombre s'il fait preuve de respect.

D Il salue son nouvel ami par des petits cris et miaulements d'excitation.

Résultats

Majorité de

A

Le Guerrier

DOMINANT ET IMPULSIF

Avec ce chat, il ne s'agit pas de dire mais de faire. Les actes sont plus parlants que les ronronnements, alors pourquoi perdre du temps à discuter quand un coup de patte suffit à obtenir l'effet escompté ? Ce chat sûr de lui compense largement son manque de bagou par sa prestance. Mais ne sous-estimez pas son pouvoir de persuasion. Comme le dit un vieil adage, Minet a des griffes et il n'a pas peur de s'en servir. Il est Dominant avec un grand D, et un peu Diva aussi. Cela dit, c'est un félin au cœur tendre, et il est tout à fait possible de l'apprivoiser avec une bonne ration d'amour, de poulet rôti et d'herbe à chat.
Le jeu est important pour ce matou, et facilite la communication. Occupez-le, divertissez-le et il vous récompensera en faisant au moins semblant de vous écouter.

Majorité de

B

Le Charmeur

NÉVROTIQUE ET EXTRAVERTI

Ce minet est un tombeur aux pattes de velours. Une patoune bien placée, un ronronnement apaisant et un miaou délicat sont ses armes de prédilection. N'oublions pas que les dieux des temps anciens ont créé le miaulement uniquement pour berner les humains crédules ; c'est radical pour leur faire dégainer le paquet de croquettes. Et ce félin est un as de la manipulation mentale. Peu enclin aux tactiques agressives, il fuira au premier signe de conflit, mais il ne faut pas en conclure qu'il a un caractère timoré. Avec de la patience, une once de charme et d'insolence, il obtient toujours ce qu'il veut. Il est heureux de laisser les autres chats (et vous-même) prendre l'initiative. Le jeu en vaut la chandelle, si cela permet d'éviter un conflit. Récompensez-le avec moult câlins et bisous, et il vous fera sourire comme le chat du Cheshire.

Chat bavasse

Majorité de

C

L'Altesse royale

NÉVROTIQUE ET DOMINANT

Lorsqu'on a le sentiment d'être de sang royal comme ce minet maniéré, nul besoin de se préoccuper du petit peuple. Sa gracieuse Majesté n'est venue sur terre que pour une seule raison : être vénérée. La communication demande un effort considérable à un félin de ce calibre. Il préfère faire passer son message de façon subliminale, convaincu que sa seule présence suffit à faire tourner le monde. Expressif mais pas trop émotif, tant qu'il ne s'agit pas de ses friandises préférées, il aime que sa volonté soit respectée à la lettre. Après tout, le monde entier tourne autour de lui. Mieux vaut ne pas l'oublier, sous peine de le voir entrer dans un terrible courroux. Le combat contre ce chat est perdu d'avance, mais en votre for intérieur, vous n'en avez cure. Ses excentricités le rendent plus attachant encore.

Majorité de

D

L'Intellectuel

EXTRAVERTI ET AGRÉABLE

La communication est une forme d'art pour ce minet philosophe et, contrairement à ses congénères, il utilise toute la gamme des sons et des vocalisations à sa disposition pour faire passer son message. Expert en langage corporel, il n'hésite pas à mettre à profit les moindres nuances de son art, en utilisant tout son corps, du bout de ses moustaches à l'extrémité de sa queue, pour communiquer avec vous. S'il est vrai que les humains ont encore beaucoup de chemin à parcourir avant d'égaler son intelligence supérieure, Minet est prêt à leur laisser une chance, et il est plus que ravi de partager son expertise et son expérience du monde. Il connaît votre façon de parler, et ira jusqu'à reproduire votre intonation pour vous aider à saisir l'essentiel de la conversation. Sa seule frustration est liée au fait que les humains entendent ou comprennent rarement les messages les plus simples, et ne se rendent pas compte qu'une phrase sur deux se termine par «thon», bien qu'ils fassent semblant d'écouter!

Chat vadrouille

À quel point votre chat a-t-il le sens de l'aventure ?

La question du territoire est cruciale. Celui des chats d'extérieur peut couvrir une vaste superficie, ou se limiter au jardin du voisin. Pour autant, les chats d'intérieur peuvent également se montrer territoriaux, surtout lorsqu'il s'agit de leur maison et de leurs maîtres. Après tout, nos félins sont des animaux sauvages dans l'âme. Leurs instincts naturels, qui les poussent à courir, à chasser et à défendre leur territoire, passeront toujours au premier plan. Même le plus timide des minets n'hésitera pas à sortir les griffes face à un intrus. Les mâles sont généralement plus dominants et préfèrent avoir l'exclusivité sur leur territoire, qu'ils surveillent et défendent. En revanche, chez les femelles, les territoires ont tendance à se chevaucher, et déchaînent moins les passions. Malgré tout, les jets d'urine et les combats jusqu'au sang sont monnaie courante lorsque nos chats se croisent sur une parcelle commune.

L'étendue du territoire de votre chat en dit long sur son assurance et sa spontanéité. Les chats collants ont beau être anxieux, ce comportement est alimenté par une forte envie de protéger leur propriété – c'est-à-dire vous. Quelle que soit la motivation de votre félin, sa tendance à vagabonder (ou non) est un aspect important de sa personnalité.

Q1. Votre chat partage-t-il son affection entre plusieurs personnes, ou est-il le chat d'un seul maître ?

A Il sait où se trouve son intérêt : à la maison.

B Les autres humains ne lui posent aucun problème ; il n'hésite pas à leur distribuer de l'amour de temps en temps.

C À votre connaissance, il a au moins deux autres points de chute dans le voisinage.

D Son monde se limite aux quatre murs de son château, et vous êtes le(la) bienvenu(e) !

Q2. Si votre chat était un super-héros, à qui ressemblerait-il le plus ?

A À Hulk : il est gentil la plupart du temps, mais n'allez pas le mettre pas en colère.

B James Bond : ce minet est rapide comme l'éclair, branché et il adore faire la fête.

C Indiana Jones : précisons tout de même que les aventures de cet archéologue ne sont pas à la hauteur des vagabondages de notre minet.

D Batman : profondément secret et mystérieux, il apprécie sa « cat cave ».

Q3. Quand le soleil se couche et que l'on commence à entendre le hululement des hiboux, où se trouve votre chat ?

A Il est blotti sur le canapé avec vous.

B Il rôde dehors, et joue les veilleurs de nuit.

C Il vit sa vie avec les chats de gouttière.

D Rassasié, désaltéré, il est prêt à aller au lit.

Q4. Dans le voisinage, votre chat est connu comme…

A Le chat mignon du numéro tant.

B Le chat qui adore faire ses besoins dans notre jardin !

C Le loulou solitaire, toujours de sortie et prêt à faire des bêtises.

D Quel chat ? On ne savait pas que vous aviez un chat !

Q5. Un autre chat s'est aventuré dans votre jardin/sur votre balcon. Quelle est l'issue la plus probable ?

A Votre chat va le chasser, quoi qu'il en coûte.

B Une confrontation, avec quelques crachements et hérissements de queue, mais pas d'échauffourée majeure. Les deux camps se retirent à une bonne distance.

C Peu de risques qu'il le remarque !

D Il l'ignore ostensiblement ; son royaume intérieur est parfaitement sûr, et c'est tout ce qui compte.

Q6. Il fait une chaleur torride. Où se trouve votre chat ?

A À l'ombre d'un buisson.

B Il paresse au soleil chez le voisin.

C Vous n'en avez aucune idée ; il se montrera quand il aura faim.

D Sur le réfrigérateur, ou à côté, voire à l'intérieur.

Q7. Votre chat a-t-il déjà disparu des radars pendant un certain temps ?

A Non, il aime la routine et il est réglé comme du papier à musique.

B Vous avez déjà eu quelques sueurs froides, mais il finit toujours par rentrer à la maison.

C Ce félin épris de liberté est capable de s'absenter plusieurs jours d'affilée. Vous ne vous inquiétez plus.

D Il est doué pour se cacher dans la maison, mais le fumet du poulet rôti finit toujours par le faire sortir.

Q8. Lorsque vous laissez votre chat sortir, il a tendance à...

A Rester à proximité de la maison, à fouiner dans le jardin/la cour.

B Foncer comme une fusée à travers la clôture pour s'élancer dans le vaste monde.

C Il est dehors tout le temps de toute façon !

D C'est un chat d'intérieur.

Q9. Si votre félin partait en vadrouille, qu'est-ce qui le pousserait à rentrer à la maison ?

A Votre voix suffirait.

B Vous entendre parcourir tout le quartier, un sac de friandises à la main.

C Il rentre quand il en a envie, quand il a faim ou les deux.

D S'il sortait et se perdait, vous le retrouveriez facilement au son de ses miaous.

Résultats

Majorité de

A

Le Flemmard

NÉVROTIQUE ET AGRÉABLE

Ce chat n'aime rien tant que se prélasser au soleil l'après-midi. Si vous partagez ce moment avec lui, c'est encore mieux. Les journées passées ensemble dans le jardin sont une source de joie inépuisable, et il vous donnera volontiers un coup de main (de patte ?) en surveillant la faune locale, tout en vous donnant quelques tuyaux en matière de jardinage. Il aime savoir où vous vous trouvez, et il vous renverra l'ascenseur en ne s'aventurant jamais trop loin. Même si son territoire n'est pas très étendu, il le protégera au prix de sa vie. Malheur aux félins qui viennent courtiser les minettes sur ses plates-bandes ! Face aux humains, il se montre plutôt anxieux. D'un caractère doux, il adore chasser les papillons, mais n'en attrape que rarement. La récompense réside dans la chasse, pas dans la capture. Si vous êtes à l'intérieur, il vérifiera régulièrement que vous êtes toujours là. Avide de caresses, ce félin est le Prince des câlins.

Majorité de

B

Le Pionnier

EXTRAVERTI ET AGRÉABLE

L'exploration est la raison d'être du Pionnier. Il aime savoir ce qui se trouve dans les environs immédiats et a un rayon d'action limité, mais il peut être tenté de s'aventurer plus loin si sa curiosité est piquée au vif. Sûr de lui sans être dominateur, il évitera les altercations autant que possible, mais si les choses se gâtent, il filera comme le vent. Sa rapidité est son super-pouvoir. Malicieux, ce chat peut se glisser dans les endroits les plus improbables. Le jeu est important pour lui et il est capable de rendre n'importe quel moment grandiose. Bien qu'il parte volontiers en vadrouille, il aime aussi passer du temps à la maison, et apprécie une certaine routine. Octroyez-lui tout l'espace dont il a besoin, et laissez-lui le choix de s'égarer ou de rester.

Chat vadrouille

Majorité de

C

Le Vagabond

DOMINANT ET IMPULSIF

Ce félin a la bougeotte et a envie de grands espaces. Toujours prêt à prendre des risques, il force sa chance et essuiera probablement quelques blessures de guerre avant la fin de sa vie. Heureusement, il ne se soucie aucunement de son apparence. Quelques cicatrices et éraflures ajoutent à son charme. Audacieux et impulsif, il n'a pas peur de s'affirmer, surtout quand il n'obtient pas ce qu'il veut. Cela dit, il peut aussi être extrêmement détendu, du moment que vous le laissez agir à sa guise. Le territoire du Vagabond est vaste et couvre la majeure partie du quartier. C'est le Roi des bourlingueurs, et, comme vous faites tout de même partie de ses sujets, il vous honorera de sa présence de temps en temps.

Le Pantouflard

EXTRAVERTI ET AGRÉABLE

Le comportement de ce charmant minet est un peu étrange, mais pas pervers. Au contraire, il sait ce qui le rend heureux.
Pour lui, la sécurité est un aspect essentiel. Il affectionne son cocon et, même s'il ne vous tient pas rigueur de croire que vous partagez son espace, en réalité il n'en est rien. Si vous ne vous étiez pas encore rendu(e) compte qu'il a la mainmise sur tout ce qui vous possédez, vous n'allez pas tarder à vous en apercevoir. Qu'il squatte l'intérieur de votre sac à main préféré ou paresse dans la salle de bains, il n'y a pas une seule pièce de votre maison qui ne lui appartienne pas, et si un jour l'idée vous vient de partir en voyage, ne soyez pas surpris(e) de le trouver caché dans votre valise.
Pour lui, vous êtes son univers et ce sentiment est réciproque. Pas étonnant qu'il ne se risque jamais à sortir, vu que vous le gâtez avec ses friandises préférées à longueur de temps, et qu'il occupe la majeure partie de vos journées ! Ce minet plein d'assurance vous a dans la peau pour la vie.

Chat vadrouille

Score « Feline Five »

Il est tout à fait impossible de catégoriser strictement nos chats, mais nous pouvons tenter d'identifier les principaux traits de personnalité correspondant aux « Feline Five » (voir p. 9). Certains chats peuvent parfois présenter des comportements relevant de l'ensemble de ces « Feline Five », en fonction de leur humeur ou des circonstances, tandis que d'autres entreront dans une ou deux catégories seulement. C'est déjà un bon point de départ pour celles et ceux qui ont envie de connaître la vraie nature de leur chat.

Vous trouverez ci-dessous les cinq traits de personnalité caractérisant les profils figurant à la fin des questionnaires. Vous pouvez inscrire une croix ou un bâton à chaque fois qu'un trait ressort chez votre chat, et compter les points pour découvrir ses traits les plus dominants :

1. Névrosisme

.... **Total :** ....

2. Extraversion

.... **Total :** ....

3. Dominance

.... **Total :** ....

4. Impulsivité

.... **Total :** ....

5. Agréabilité

.... **Total :** ....

Conclusion

Chaque questionnaire a été conçu en tenant compte de différents aspects de la vie et de la personnalité de votre chat. Il décrit non seulement ses comportements et ses excentricités, mais contient également une bonne dose d'humour, car après tout, nos chats nous font énormément rire et rendent notre monde un peu plus chaleureux.

N'oubliez pas que ce n'est qu'un début. Les informations que vous obtiendrez à l'issue de ces tests vous aideront à comprendre le fonctionnement de votre chat. Ensuite, vous serez en mesure d'améliorer la vie de votre compagnon en apportant les modifications qui s'imposent. Vous pouvez transformer votre maison en aire de jeu interactive pour faire en sorte de donner à votre chat toute l'attention dont il a besoin, et répartir votre temps équitablement, si vous avez la chance de vivre avec plusieurs félins.

Vous saurez enfin comment faire ronronner de plaisir votre compagnon, et en refaisant régulièrement les tests, vous serez en mesure de rester à l'écoute de ses besoins et de ses moindres caprices. Tous les amoureux des chats le reconnaîtront, il faut une vie entière pour apprendre à connaître son félin. Peut-être ne le comprendrez-vous jamais vraiment, mais vous prendrez énormément de plaisir à essayer.

Pour en savoir plus

Et la race dans tout ça ?

Vous envisagez d'adopter un nouveau chat et vous voulez savoir comment il s'intégrera dans la famille ? Ou, maintenant que vous avez répondu aux questionnaires, vous êtes tout simplement curieux(se) de savoir si votre chat est plutôt normal, ou s'il sort du lot. En général, les races possèdent différentes caractéristiques qui peuvent fournir des indices sur leur fonctionnement. Certaines races sont plus en demande de tendresse, quand d'autres peuvent sembler plus distantes, mais cette réserve est compensée par leur style et leur débrouillardise.

Nous avons sélectionné dans les pages suivantes quelques-unes des races de chats les plus emblématiques, et nous vous indiquons les profils susceptibles de leur correspondre. Cela dit, la race n'est qu'un point de départ. Les chats ne sont pas différents des humains. Ce sont des êtres uniques, singuliers, qui ont chacun leurs caractéristiques propres.

American ou British Shorthair

Cet agréable minet est joueur, et il apprécie également la solitude. Sociable et affectueux avec les membres de sa famille, le Shorthair fait preuve d'une loyauté sans faille envers ses amis, félins comme humains.

Profils caractéristiques : le Franc-Tireur (p. 80) ; le Charmeur (p. 103).

Abyssin

Cette race athlétique adore grimper aux arbres, explorer et vivre des aventures. Ce minet curieux est d'un naturel calme mais tisse des liens affectifs solides avec sa famille humaine.

Profils caractéristiques : le Caméléon (p. 67) ; le Pionnier (p. 115).

Bengal

Ce chat bavard aime la vie de famille et s'entend bien avec les enfants et les autres animaux. Intelligent, affectueux et plein d'entrain, ce minet au grand cœur a beaucoup de caractère.

Profils caractéristiques : le Génie (p. 43) ; la Beauté naturelle (p. 56).

Bleu russe

Moins collants que certaines races, les bleus russes sont généralement timides au premier abord, mais une fois à l'aise, ils se montrent extrêmement affectueux. Ils sont également très intelligents.

Profils caractéristiques : l'Indifférent (p. 30) ; le Timide (p. 33).

Burmese

Véritable « chat-chien », en raison de sa loyauté envers ses maîtres, le Burmese est extrêmement affectueux et adore recevoir beaucoup d'attention. C'est une race observatrice qui adore regarder passer la vie.

Profils caractéristiques : la Force tranquille (p. 31) ; le Shérif (p. 91).

Cornish Rex

D'aucuns pourraient affirmer que le Rex est exigeant, mais ce chat aime simplement rester proche de son humain(e). Très intelligent et joueur, le Cornish Rex est aussi un grand bavard, et peut demander de l'attention à grand renfort de miaous.

Profils caractéristiques : le Boss (p. 54) ; le Comédien (p. 93).

Maine Coon

Ces gentils géants ont un tempérament doux et affectueux. Ils peuvent se montrer assez farfelus, et adorent jouer. Ils sont de nature curieuse et s'entendent bien avec les autres animaux et les humains.

Profils caractéristiques : le Meilleur pote (p. 20) ; le Pépère (p. 66).

Persan

Doux et tranquille, le chat persan apprécie les foyers calmes. Ce chat paraît altier, mais il est assez facile à vivre dans la plupart des situations ; il suffit de le tenir à distance de l'effervescence.

Profils caractéristiques : le Tendre (p. 45) ; le Frimeur (p. 69).

Ragdoll

C'est l'une des races les plus relax. Ce minet de nature douce est calme, sociable et adore les câlins. Il s'intègre parfaitement à la vie de famille et cohabite sans souci avec d'autres félins.

Suggestions de profil : le Bébé (p. 18) ; le Flemmard (p. 114).

Siamois

Intelligents, débrouillards et parfois fougueux, les Siamois n'aiment pas rester seuls pendant de longues périodes. Ils adorent jouer et interagir, et n'aiment rien tant qu'une longue conversation avec leur humain. Très athlétiques, ils se feront un plaisir de grimper aux rideaux.

Suggestions de profil : le Roublard (p. 32) ; l'Intellectuel (p. 105).

D'autres livres sur les chats aux éditions Ulmer

Mon chat est un cas !, Camille Génissel. 120 pages.

Le comportement du chat de A à Z. Comprendre et agir, Valérie Dramard. 256 pages.

Mon chat adore (mon) son appart. Adaptations et aménagements, Florence Desachy. 96 pages.

Pourquoi mon chat fait-il ça, Sarah Heath. 96 pages.

Un chat parfait en 21 jours, Kim Houston. 96 pages.

Rendre son chat heureux, Françoise Claustres et Florence Icard. 120 pages.

Manuel du chat en bonne santé. Les bons gestes et les bons réflexes, Lysiane Dohogne. 120 pages.

À propos de l'autrice

Alison Davies côtoie les chats depuis plus de 20 ans, et écrit sur eux depuis de nombreuses années. Elle travaille pour plusieurs magazines et a publié des livres sur une grande variété de sujets, comme les animaux, l'astrologie et le développement personnel.

À propos de l'illustratrice

Alissa Levy de @LevysFriends est originaire de Kiev, en Ukraine, mais vit et travaille aujourd'hui en Allemagne. Son travail est centré sur les humains, leurs animaux de compagnie et leurs relations merveilleuses et saugrenues.

L'édition originale de ce titre a été publiée en 2021,
sous le titre *Cat Purrsonality test*, par White Lion Publishing,
une filiale de The Quarto Group.
London, United Kingdom
www.QuartoKnows.com

Pour l'édtion française :
Traduction : Caroline Lelong, Carpe Sensum

33, rue du Faubourg-Montmartre
75009 Paris
Tél. : 01 48 05 03 03
www.editions-ulmer.fr

ISBN : 978-2-37922-203-0
N° d'édition : 203-01
Retrouvez-nous sur Facebook et Instagram

Printed in China

FSC
www.fsc.org
MIXTE
Papier issu de sources responsables
FSC® C016973